COLEÇÃO SABOR À MESA

SOPAS E CALDOS

alto astral

Este livro foi revisado segundo o Novo Acordo Ortográfico da Língua Portuguesa.

Editora responsável Lirian Pádua
Produção editorial Amanda Medeiros, Felipe Monteiro, Gustavo Betanha, Juliana Gálico, Juliana Garcia, Paulinha Alves, Thalita Amigo e William Neves
Revisão Técnica Ângela Cardoso e Fernando Santos
Crédito fotos Getty Images, Shutterstock/Images e Stela Handa
Capa Aline Santos

Dados Internacionais de Catalogação na Publicação (CIP)
Angélica Ilacqua CRB-8/7057

S687 Sopas e caldos / organização de Lirian Pádua.
- Bauru, SP : Alto Astral, 2019.
64 p. (Sabor à mesa)

ISBN: 978-85-8246-864-7
ISBN: 978-85-8246-858-6 (Coleção)

1. Culinária 2. Sopas - Receitas I. Pádua, Lirian II. Série

19-0548

CDD 641.5
CDU 641

Índice para catálogo sistemático:
1. Culinária : Sopas : Receitas

BAURU
Rua Gustavo Maciel, 19-26
CEP 17012-110
Telefone: (14) 3235-3878
Fax: (14) 3235-3879

SÃO PAULO
Alameda Vicente Pinzon, 173
4° andar, Vila Olímpia
CEP 04547-130
Telefone: (11) 5694-4545

E-mail:
atendimento@astral.com.br

SUMÁRIO

SOPAS
E CALDOS

Sopas e caldos são ótimas opções para aquecer o corpo nos dias friozinhos de inverno. Geralmente muito nutritivas e fáceis de preparar, essas receitas também são ideais para reunir a família toda em volta da mesa, proporcionando momentos de muito amor, união e sabor inconfundível. Nas próximas páginas deste guia você vai encontrar desde as opções mais tradicionais e que agradam a todos os paladares, como a canja de galinha e o caldo verde, até as mais requintadas, como o creme de cogumelos e a sopa de capeletti. Elas possuem ingredientes selecionados, são muito deliciosas e, em alguns casos, possuem acompanhamentos que tornam o momento da refeição ainda mais gostoso. Varie seu cardápio da estação com essas delícias e sirva uma refeição de dar água na boca para toda a sua família. O resultado, com certeza, será inesquecível!

Sopa de couve e brócolis

RENDE **6 PORÇÕES** PRONTO EM **40MIN**

INGREDIENTES

- 2 colheres (sopa) de óleo
- 1 cebola picada
- 1 colher (chá) de gengibre picado
- 1 talo de salsão picado
- 1 xícara (chá) de repolho picado
- 1 xícara (chá) de espinafre picado
- 2 folhas de couve picadas
- 1 xícara (chá) de brócolis em buquês
- 1 xícara (chá) de couve-flor em buquês
- 1/2 chuchu picado
- 1 xícara (chá) de folhas de salsa
- 2 litros de água
- Sal e pimenta-do-reino a gosto
- Erva-doce para decorar

PREPARO

Em uma panela grande, em fogo médio, aqueça o óleo, e refogue a cebola e o gengibre por 2 minutos. Junte o salsão e refogue por mais 2 minutos. Adicione o restante dos ingredientes e cozinhe até os legumes amaciarem. Retire do fogo, deixe amornar e bata no liquidificador até ficar homogêneo. Volte à panela e aqueça em fogo médio. Tempere com sal, pimenta e distribua em cumbucas individuais. Decore com erva-doce e, se desejar, com folhas de salsa. Sirva em seguida.

SOPA DE FEIJÃO E LEGUMES

RENDE **6 PORÇÕES** PRONTO EM **50MIN**

INGREDIENTES

- 4 colheres (sopa) de azeite
- 1 cebola em cubos
- 4 dentes de alho picados
- 1 folha de louro
- 1 colher (sopa) de extrato de tomate
- 2 batatas em cubos
- 1 cenoura em cubos
- 2 tomates sem sementes em cubos
- 1 abobrinha picada
- 1 cubo de caldo de legumes
- 250g de feijão-jalo vermelho cozido com o caldo
- 1,5 litro de água
- Sal e pimenta-do-reino a gosto

PREPARO

Em uma panela, aqueça o azeite, em fogo médio, e refogue a cebola, o alho e o louro por 3 minutos. Junte o extrato de tomate, a batata, a cenoura, o tomate, a abobrinha, o caldo de legumes e refogue por mais 4 minutos. Adicione o feijão com o caldo e a água. Cozinhe por 10 minutos após levantar fervura. No liquidificador, bata 2 conchas da sopa até homogeneizar e volte para a panela. Tempere com sal, pimenta e distribua em cumbucas individuais. Sirva, se desejar, acompanhada de pão.

SOPA DE CENOURA COM GENGIBRE

RENDE **4 PORÇÕES** PRONTO EM **40MIN**

INGREDIENTES

- 1 colher (sopa) de óleo
- 1/2 xícara (chá) de cebola picada
- 1/4 de xícara (chá) de gengibre fresco picado sem casca
- 600ml de água fervente
- 3 cubos de caldo de legumes
- 4 xícaras (chá) de cenoura fatiada sem casca
- 300ml de suco de laranja
- 1/2 xícara (chá) de água
- Sal a gosto

PREPARO

Aqueça o óleo em uma panela, em fogo médio, e refogue a cebola e o gengibre até dourar. Junte a água com o caldo de legumes dissolvido, a cenoura, tampe a panela e cozinhe até a cenoura ficar macia. Retire do fogo, espere amornar e bata no liquidificador até ficar homogêneo. Volte à panela, coloque o suco, a água e cozinhe em fogo baixo por 5 minutos. Tempere com sal, distribua em cumbucas individuais. Sirva decorada como desejar.

Sopa de capeletti

RENDE **6 PORÇÕES** PRONTO EM **50MIN**

INGREDIENTES

- 1kg de acém em cubos
- Sal, pimenta-do-reino e cebolinha picada a gosto
- 4 colheres (sopa) de azeite
- 1 cebola em cubos
- 4 dentes de alho amassados
- 1 lata de tomate pelado picado
- 1 cubo de caldo de carne
- 3 litros de água
- 1 batata em cubos
- 2 mandioquinhas em cubos
- 1 cenoura em cubos
- 1 xícara (chá) de vagem picada
- 1/2 xícara (chá) de ervilhas congeladas
- 400g de capeletti de carne
- Queijo parmesão ralado para polvilhar

PREPARO

Tempere a carne com sal e pimenta. Em uma panela de pressão, aqueça o azeite, em fogo alto, e frite a carne até dourar. Junte a cebola, o alho e refogue por 2 minutos. Adicione o tomate pelado, o caldo de carne e a água. Tampe a panela e cozinhe por 20 minutos, em fogo baixo, após iniciada a pressão. Espere a pressão sair naturalmente e abra a panela. Volte a panela ao fogo baixo sem tampar. Coloque a batata, a mandioquinha, a cenoura e a vagem. Cozinhe por 5 minutos. Junte a ervilha, o capeletti e cozinhe até o capeletti ficar al dente. Tempere com sal, pimenta, cebolinha e distribua em cumbucas individuais. Polvilhe com queijo parmesão e sirva.

Creme de espinafre e manjericão

RENDE **4 PORÇÕES** PRONTO EM **40MIN**

INGREDIENTES

- 3 colheres (sopa) de manteiga
- 1 cebola em cubos
- 2 dentes de alho amassados
- 3 maços de espinafre picados
- 250ml de água
- 1/2 xícara (chá) de creme de leite
- 1/2 xícara (chá) de folhas de manjericão frescas
- Sal e pimenta-do-reino moída na hora a gosto
- Folhas de manjericão para decorar

CROUTONS

- 2 xícaras (chá) de pão italiano em cubos
- Azeite e sal a gosto

PREPARO

Para os croutons, espalhe o pão em uma fôrma, regue com azeite e polvilhe com sal. Leve ao forno alto, preaquecido, por 10 minutos ou até dourar levemente. Retire e reserve. Para o creme, em uma panela, aqueça a manteiga em fogo médio e refogue a cebola e o alho por 4 minutos. Adicione o espinafre, aos poucos, e refogue por mais 2 minutos. Despeje a água e cozinhe por 10 minutos ou até as folhas amaciarem. Desligue, acrescente o creme de leite, o manjericão e bata com um mixer, na própria panela, até ficar cremoso e homogêneo. Tempere com sal e divida em cumbucas individuais. Polvilhe com pimenta-do-reino moída na hora e decore com folhas de manjericão. Sirva acompanhado dos croutons.

Sopa fria de pepino

RENDE **4 PORÇÕES** PRONTO EM **20MIN (+2H DE GELADEIRA)**

INGREDIENTES

- 1 pepino sem casca e sem sementes
- 1 dente de alho amassado
- 4 potes de iogurte natural (680g)
- 3 xícaras (chá) de água
- Sal a gosto
- Rodelas de pepino e folhas de hortelã para decorar

PREPARO

Passe o pepino por um processador até obter uma polpa. Transfira para uma tigela e misture o alho, o iogurte e a água até obter um creme homogêneo. Tempere com sal e leve à geladeira por 2 horas. Distribua em cumbucas individuais e decore com rodelas de pepino e folhas de hortelã. Sirva em seguida.

Creme de cenoura e gengibre com sementes de girassol

RENDE **4 PORÇÕES** PRONTO EM **1H**

INGREDIENTES

- 4 colheres (sopa) de azeite
- 2 cebolas picadas
- 4 dentes de alho amassados
- 1 colher (sopa) de gengibre fresco picado
- 7 cenouras picadas
- 1 cubo de caldo de legumes
- 2 litros de água
- 2 xícaras (chá) de creme de leite fresco
- Sal e pimenta-do-reino a gosto
- Requeijão cremoso para decorar
- Tomilho fresco e sementes de girassol para polvilhar

PREPARO

Em uma panela, aqueça o azeite, em fogo médio, e refogue a cebola, o alho e o gengibre por 5 minutos. Junte a cenoura, o caldo de legumes, a água e cozinhe até amaciar a cenoura. Bata todo o conteúdo da panela no liquidificador até ficar homogêneo e retorne para uma panela. Coloque o creme de leite, tempere com sal, pimenta e cozinhe por 5 minutos, em fogo médio, após levantar fervura. Distribua em cumbucas, coloque uma colherada de requeijão cremoso para decorar e mescle com um garfo. Polvilhe com tomilho fresco, sementes de girassol e sirva.

Sopa de abóbora com batata-doce

RENDE **6 PORÇÕES** PRONTO EM **50MIN**

INGREDIENTES

- 2 colheres (sopa) de azeite
- 2 dentes de alho picados
- 1 cebola picada
- 3 tomates sem pele e sem sementes picados
- 3 xícaras (chá) de batata-doce em cubos
- 3 xícaras (chá) de abóbora cabotian em cubos
- 2 xícaras (chá) de chuchu em cubos
- 2 cubos de caldo de legumes
- 2 litros de água fervente
- 4 xícaras (chá) de feijão-fradinho cozido
- Sal e pimenta-do-reino a gosto
- Folhas de salsa para decorar

PREPARO

Em uma panela, em fogo médio, aqueça o azeite e refogue o alho e a cebola até dourar. Acrescente o tomate e cozinhe até desmanchar. Junte a batata-doce, a abóbora, o chuchu, o caldo de legumes, a água fervente e cozinhe até os legumes ficarem macios. Adicione o feijão, tempere com sal, pimenta e cozinhe por mais 5 minutos. Distribua em cumbucas individuais, decore com folhas de salsa e sirva em seguida.

CALDO DE ERVILHA COM FRANGO DESFIADO

RENDE **6 PORÇÕES** PRONTO EM **1H (+6H DE MOLHO)**

INGREDIENTES

- 2 xícaras (chá) de ervilha-seca
- 7 xícaras (chá) de água
- 1 folha de louro
- 3 colheres (sopa) de azeite
- 2 xícaras (chá) de frango cozido e desfiado
- 1 cebola picada
- 1 dente de alho picado
- 1/2 xícara (chá) de requeijão cremoso
- Sal e pimenta-do-reino a gosto
- Croutons e folhas de salsa para decorar

PREPARO

Coloque a ervilha em uma vasilha, cubra com água e deixe de molho por 6 horas. Escorra, transfira para uma panela de pressão junto com a água e o louro, e cozinhe por 25 minutos depois de iniciada a pressão, em fogo médio. Desligue o fogo e deixe sair a pressão naturalmente. Abra a panela, deixe esfriar e bata metade da ervilha no liquidificador até formar um creme homogêneo. Reserve. Aqueça uma panela em fogo médio com o azeite e frite o frango desfiado, a cebola e o alho por 3 minutos. Adicione a ervilha batida, a ervilha sem bater, o requeijão cremoso, tempere com sal, pimenta e cozinhe até ferver. Transfira para cumbucas individuais, decore com croutons e folhas de salsa e sirva em seguida.

Sopa de tomate e tomilho

RENDE **2 PORÇÕES** PRONTO EM **30MIN**

INGREDIENTES

- 1 colher (sobremesa) de azeite
- 1 cebola picada
- 1 dente de alho picado
- 2 tomates picados
- 1 xícara (chá) de água fervente
- Sal e pimenta-do-reino a gosto
- 1 colher (sobremesa) de extrato de tomate
- 1 colher (café) de tomilho seco
- 1 colher (sopa) de açúcar mascavo
- 1/2 pote de iogurte natural (85g)

PREPARO

Em uma panela, aqueça o azeite, em fogo médio, e refogue a cebola e o alho até dourar. Acrescente o restante dos ingredientes, exceto o iogurte, espere ferver e cozinhe por 20 minutos com a panela tampada, mexendo de vez em quando. Retire do fogo, espere amornar e bata no liquidificador com o iogurte até obter um creme homogêneo. Distribua em cumbucas individuais. Se desejar, decore com pimenta calabresa, tomilho fresco e sirva acompanhada de pão.

Creme de abobrinha e arroz

RENDE **6 PORÇÕES** PRONTO EM **1H**

INGREDIENTES

- 4 colheres (sopa) de azeite
- 1 cebola picada
- 2 dentes de alho picados
- 1 cubo de caldo de legumes
- 2 abobrinhas italianas picadas
- 1 e 1/2 xícara (chá) de arroz branco lavado e escorrido
- 3 e 1/2 xícaras (chá) de água fervente
- 1,5 litro de leite
- 1 xícara (chá) de creme de leite
- Sal e pimenta-do-reino branca a gosto

PREPARO

Em uma panela grande, aqueça o azeite, em fogo médio, e refogue a cebola e o alho por 4 minutos. Junte o caldo de legumes, a abobrinha, o arroz e refogue por mais 2 minutos. Cubra com a água fervente, abaixe o fogo e cozinhe até secar a água. Deixe amornar e bata o arroz e a abobrinha, aos poucos, no liquidificador com o leite até ficar homogêneo. Transfira para uma panela, misture o creme de leite e aqueça em fogo médio. Tempere com sal, pimenta e distribua em cumbucas individuais. Se desejar, sirva decorado com folhas de salsa e acompanhado de biscoitos.

CANJA DE GALINHA

RENDE **5 PORÇÕES** PRONTO EM **30MIN**

INGREDIENTES

- 4 colheres (sopa) de azeite
- 1 cebola picada
- 4 dentes de alho picados
- 2 peitos de frango em pedaços
- 1 tomate sem sementes picado
- 2 litros de água
- 3 batatas em cubos
- 2 cenouras em rodelas
- 4 folhas de louro
- Sal, pimenta-do-reino e cebolinha picada a gosto
- Dill e pimenta verde para decorar
- Azeite para regar

PREPARO

Em uma panela grande, aqueça o azeite, em fogo médio, e refogue a cebola e o alho por 3 minutos. Junte o frango e frite por 3 minutos. Acrescente o tomate e refogue por mais 2 minutos. Adicione a água, a batata, a cenoura, o louro, tempere com sal, pimenta e cebolinha. Cozinhe, em fogo baixo, com a panela tampada, por 15 minutos ou até o frango e os legumes amaciarem. Desligue o fogo, transfira para cumbucas individuais, decore com dill, pimenta verde e regue com azeite. Sirva em seguida.

Sopa de beterraba

RENDE **4 PORÇÕES** PRONTO EM **1H30**

INGREDIENTES

- 2 colheres (sopa) de óleo
- 300g de músculo em cubos
- Sal e pimenta-do-reino a gosto
- 2 beterrabas grandes
- 4 colheres (sopa) de azeite
- 1 cebola em cubos
- 2 dentes de alho amassados
- 1 ramo de endro
- 1 cenoura em rodelas
- 1/2 repolho pequeno em tiras
- Salsa picada para polvilhar

PREPARO

Em uma panela de pressão, aqueça o óleo, em fogo alto, e doure a carne. Tempere com sal, pimenta e tampe a panela. Cozinhe por 30 minutos, após iniciada a pressão. Espere a pressão sair naturalmente, escorra a carne e reserve a água do cozimento. Volte a água para a panela, coloque as beterrabas e cubra com mais água. Tampe a panela e cozinhe por 30 minutos, em fogo baixo, após iniciada a pressão. Espere a pressão sair naturalmente, abra a panela, retire as beterrabas e reserve a água. Deixe esfriar e rale. Reserve. Aqueça o azeite, em fogo médio, e refogue a cebola, o alho e o endro por 4 minutos. Junte a cenoura, o repolho e refogue por mais 4 minutos. Adicione o caldo da beterraba e cozinhe por 5 minutos. Acrescente a carne, a beterraba ralada e cozinhe por mais 5 minutos. Tempere com sal, pimenta, distribua em cumbucas individuais, polvilhe com salsa picada e sirva, se desejar, acompanhada de pão.

CALDO DE INHAME

RENDE **2 PORÇÕES** PRONTO EM **40MIN**

INGREDIENTES

- 1 colher (sopa) de manteiga
- 1 cebola picada
- 1 colher (chá) de cúrcuma
- 1 pitada de pimenta-do-reino
- 300g de inhame em cubos
- Sal a gosto
- 1/2 litro de água quente
- 1/2 vidro de leite de coco (100ml)
- Alho frito e folhas de manjericão para decorar

PREPARO

Em uma panela, em fogo médio, aqueça a manteiga e refogue a cebola, a cúrcuma e a pimenta até a cebola ficar macia. Acrescente o inhame, tempere com sal e refogue por mais 5 minutos. Adicione a água quente e cozinhe em fogo baixo, com a panela semitampada, até o inhame ficar macio. Retire do fogo, espere amornar e bata no liquidificador por 1 minuto. Volte a mistura para a panela, misture o leite de coco e corrija o sal, se necessário. Aqueça o caldo até iniciar a fervura. Desligue o fogo e sirva em cumbucas individuais, decorado com alho frito e folhas de manjericão.

Sopa de feijão-branco com legumes

RENDE 6 PORÇÕES PRONTO EM 1H (+12H DE MOLHO)

INGREDIENTES

- 250g de feijão-branco
- 4 colheres (sopa) de óleo
- 1 cebola picada
- 1 dente de alho amassado
- 1 talo de salsão picado
- 1 cenoura em rodelas
- 2 batatas picadas
- 1 xícara (chá) de brócolis em buquês
- 1/2 xícara (chá) de feijão azuki
- 4 tomates sem pele em pedaços
- Suco de 1/2 limão
- 1 folha de louro
- 2 colheres (sopa) de salsa picada
- Sal e pimenta-do-reino a gosto

PREPARO

Cubra o feijão-branco com água e deixe de molho por 12 horas. Escorra e reserve. Em uma panela de pressão, aqueça o óleo, em fogo médio, e refogue a cebola, o alho e o salsão por 3 minutos. Junte o feijão, cubra com água, tampe a panela e cozinhe por 20 minutos, em fogo baixo, após iniciada a pressão. Retire do fogo, espere a pressão sair naturalmente, abra a panela e junte o restante dos ingredientes. Tampe a panela novamente e cozinhe por mais 10 minutos, em fogo baixo, após iniciada a pressão. Espere a pressão sair naturalmente, abra a panela e tempere com sal e pimenta. Distribua em cumbucas individuais e sirva em seguida.

CALDO DE ABÓBORA COM FRANGO E CREME AZEDO

RENDE **6 PORÇÕES** PRONTO EM **1H**

INGREDIENTES

• 6 colheres (sopa) de azeite • 1 cebola picada • 2 dentes de alho amassados • 800g de abóbora descascada e picada • 1 colher (sopa) de tomilho desidratado • Sal e pimenta-do-reino a gosto • 1 xícara (chá) de leite • 1 cubo de caldo de galinha • 1,2 litro de água fervente • 500g de peito de frango em cubos • Salsa picada para polvilhar

CROUTONS

• 6 fatias de pão de forma em cubos • 6 colheres (sopa) de azeite
• Sal a gosto

CREME AZEDO

• 1/2 xícara (chá) de creme de leite fresco gelado • 1/2 xícara (chá) de iogurte natural
• Suco de 1/2 limão
• Sal a gosto

PREPARO

Para os croutons, tempere o pão com o azeite e sal. Espalhe em uma fôrma e leve ao forno médio, preaquecido, até dourar. Reserve. Para o creme azedo, na batedeira, bata o creme de leite até firmar. Junte o iogurte, o suco, sal, misture e reserve na geladeira. Aqueça 4 colheres (sopa) do azeite, em fogo médio, e doure a cebola e o alho. Acrescente a abóbora, o tomilho, sal e pimenta. Cozinhe com a panela tampada por 10 minutos. Acrescente o leite, o caldo de galinha, a água e cozinhe por mais 20 minutos. Deixe esfriar e bata no liquidificador. Tempere o frango com sal e pimenta. Aqueça o azeite restante em fogo alto e doure o frango. Adicione a sopa batida e cozinhe por 10 minutos, após ferver. Divida em cumbucas, coloque 1 colher (sopa) de creme azedo, polvilhe com croutons, salsa picada e sirva.

CREME DE QUEIJO NO PÃO

RENDE **8 PORÇÕES** PRONTO EM **30MIN**

INGREDIENTES

- 4 colheres (sopa) de manteiga
- 1 cebola em cubos
- 3 colheres (sopa) de farinha de trigo
- 1 litro de leite
- 200ml de creme de leite fresco
- 300g de queijo gruyère
- 100g de queijo parmesão fresco ralado
- 2 colheres (sopa) de Catupiry®
- Sal e noz-moscada ralada a gosto
- 8 pães italianos redondos individuais
- 8 fatias de bacon frito

PREPARO

Em uma panela, em fogo médio, derreta a manteiga e frite a cebola por 4 minutos. Polvilhe com a farinha e frite por mais 3 minutos, mexendo. Adicione o leite, aos poucos, mexendo com um batedor manual até engrossar. Assim que levantar fervura, junte o creme de leite e mexa. Coloque os queijos, o Catupiry®, desligue e misture até derreter todo o queijo. Tempere com sal e noz-moscada. Corte uma tampa nos pães e retire parte do miolo, sem furar. Preencha com o creme de queijo, decore com as fatias de bacon e sirva em seguida.

Creme de cenoura com lentilha vermelha

RENDE 6 PORÇÕES PRONTO EM 1H

INGREDIENTES

- 125g de lentilha vermelha
- 4 colheres (sopa) de manteiga
- 1 cebola em cubos
- 2 dentes de alho picados
- 1 folha de louro
- 1 colher (chá) de coentro em pó
- 1 colher (chá) de cominho em pó
- 350g de cenoura em cubos
- 250g de tomate sem pele e sem sementes picado
- 1/2 xícara (chá) de água
- 300ml de leite
- Sal e pimenta-do-reino a gosto
- Sementes de cominho e folhas de coentro fresco para decorar
- 1 pote de iogurte natural (170g)

PREPARO

Em uma peneira, lave e escorra a lentilha. Reserve. Em uma panela grande, em fogo médio, derreta a manteiga e frite a cebola e o alho por 3 minutos. Adicione o louro, o coentro, o cominho e refogue por 2 minutos. Junte a lentilha, a cenoura, o tomate, a água e cozinhe por 30 minutos em fogo baixo. Com um mixer, bata todo o conteúdo da panela até formar um creme homogêneo. Acrescente o leite, tempere com sal, pimenta e volte ao fogo médio até aquecer. Divida entre cumbucas individuais, decore com sementes de cominho, folhas de coentro e coloque 1 colher (sopa) do iogurte sobre as sopas. Sirva em seguida.

CREME DE MANDIOQUINHA, ARROZ E FRANGO

RENDE **4 PORÇÕES** PRONTO EM **50MIN**

INGREDIENTES

- 4 colheres (sopa) de azeite
- 1 cebola em cubos
- 2 dentes de alho amassados
- 500g de mandioquinha em cubos
- 1 cubo de caldo de legumes
- 2 litros de água
- 500ml de leite
- 2 colheres (sopa) de manteiga
- 2 tomates pelados em cubos
- 1 xícara (chá) de frango cozido e processado
- 1 xícara (chá) de arroz branco cozido
- Sal e salsa picada a gosto

PREPARO

Em uma panela, aqueça o azeite, em fogo médio, e refogue a cebola, o alho, a mandioquinha e o caldo de legumes por 4 minutos. Adicione a água e cozinhe até a mandioquinha ficar macia. Deixe amornar e bata no liquidificador todo o conteúdo da panela com o leite até ficar homogêneo. Reserve. Em outra panela, derreta a manteiga, em fogo médio, e refogue o tomate, o frango e o arroz por 2 minutos. Junte o creme batido e deixe levantar fervura. Tempere com sal e distribua em cumbucas individuais. Polvilhe com salsa e sirva.

CALDO DE FEIJÃO-BRANCO COM LINGUIÇA

RENDE **6 PORÇÕES** PRONTO EM **1H (+12H DE MOLHO)**

INGREDIENTES

- 500g de feijão-branco
- 3 litros de água
- 1 folha de louro
- 1 colher (sopa) de óleo
- 150g de bacon em cubos
- 2 gomos de linguiça calabresa defumada em rodelas
- 1 cebola em cubos
- 2 dentes de alho amassados
- 1 colher (chá) de páprica picante
- 400g de tomate pelado picado
- Sal e pimenta-do-reino a gosto
- 2 colheres (sopa) de manteiga
- 2 colheres (sopa) de farinha de trigo
- Salsa picada para polvilhar

TORRADAS

- 3 fatias de pão de forma com grãos
- Azeite e sal a gosto

PREPARO

Deixe o feijão de molho em água por 12 horas. Para as torradas, corte as fatias de pão ao meio e coloque em uma fôrma. Regue com azeite, tempere com sal e leve ao forno alto, preaquecido, por 10 minutos. Reserve. Escorra o feijão e transfira para uma panela. Cubra com a água, junte o louro e cozinhe em fogo médio até amaciar o feijão. Reserve com a água. Aqueça o óleo, em fogo médio, e frite o bacon e a linguiça até dourar. Adicione a cebola, o alho, a páprica, o tomate e refogue por 2 minutos. Junte o feijão e cozinhe por 10 minutos, após levantar fervura. Tempere com sal e pimenta. Em uma frigideira, em fogo médio, derreta a manteiga e polvilhe com a farinha, mexendo até dourar levemente. Junte ao caldo, mexendo até engrossar levemente, em fogo baixo. Divida entre cumbucas, polvilhe com salsa e sirva com as torradas.

Sopa de cogumelos frescos

RENDE **4 PORÇÕES** PRONTO EM **45MIN**

INGREDIENTES

- 4 colheres (sopa) de manteiga
- 1 cebola em cubos
- 2 dentes de alho amassados
- 2 tomates pelados picados
- 1 cubo de caldo de carne
- 300g de cogumelos Paris em fatias
- 500ml de creme de leite fresco
- Sal, pimenta-do-reino e salsa picada a gosto

PREPARO

Em uma panela, derreta a manteiga, em fogo médio, e refogue a cebola e o alho por 3 minutos. Junte o tomate, o caldo de carne e refogue por mais 2 minutos. Adicione os cogumelos e refogue por mais 5 minutos. Acrescente o creme de leite e cozinhe por 10 minutos, em fogo baixo. Tempere com sal e pimenta, polvilhe com salsa e sirva em seguida.

SOPA DE TOMATE E ERVAS

RENDE **2 PORÇÕES** PRONTO EM **40MIN**

INGREDIENTES

- 1 colher (sobremesa) de azeite
- 1 cebola em cubos
- 1 dente de alho picado
- 2 tomates sem pele e sem sementes picados
- 1 xícara (chá) de água fervente
- Sal a gosto
- 1 colher (sobremesa) de massa ou purê de tomate
- 1 colher (sobremesa) de tomilho fresco (ou 1 colher (chá) de tomilho seco)
- 1 pitada de açúcar mascavo
- Pimenta-do-reino moída na hora para polvilhar
- 1 ramo de tomilho fresco para decorar

PREPARO

Em uma panela, aqueça o azeite, em fogo médio, e refogue a cebola e o alho até dourar. Acrescente o restante dos ingredientes, espere ferver e cozinhe por 20 minutos, com a panela tampada, em fogo baixo, mexendo de vez em quando. Retire do fogo, espere amornar e bata no liquidificador até obter um creme homogêneo. Volte ao fogo médio para aquecer, distribua em cumbucas individuais, polvilhe com pimenta-do-reino e decore com tomilho fresco. Sirva em seguida.

CREME DE ABÓBORA E COUVE-FLOR

RENDE 4 PORÇÕES PRONTO EM 1H

INGREDIENTES

- 4 colheres (sopa) de azeite
- 1 cebola picada
- 2 dentes de alho amassados
- 1 couve-flor picada
- 600g de abóbora em cubos
- 1 cubo de caldo de galinha
- 2 litros de água
- 1 xícara (chá) de creme de leite
- Sal, pimenta-do-reino e cebolinha picada a gosto

PREPARO

Em uma panela, aqueça o azeite, em fogo médio, e refogue a cebola e o alho por 3 minutos. Junte a couve-flor e refogue por mais 5 minutos. Reserve um pouco para decorar. Adicione a abóbora, o caldo de galinha e a água. Cozinhe até a couve-flor e a abóbora ficarem macias. No liquidificador, bata todo o conteúdo da panela com o creme de leite até ficar homogêneo. Volte para a panela, aqueça em fogo médio e tempere com sal e pimenta. Transfira para cumbucas individuais, decore com a couve-flor reservada, cebolinha picada e sirva.

CREME DE CENOURA E COUVE

RENDE **4 PORÇÕES** PRONTO EM **50MIN**

INGREDIENTES

- 2 colheres (sopa) de azeite
- 1 cebola picada
- 2 dentes de alho amassados
- 1 colher (sopa) de gengibre picado
- 4 cenouras picadas
- 2 litros de água fervente
- 1 pote de iogurte natural (170g)
- Sal e pimenta-do-reino a gosto

COUVE

- 2 colheres (sopa) de azeite
- 4 dentes de alho amassados
- 1 maço de couve picada
- Sal a gosto

PREPARO

Em uma panela, aqueça o azeite, em fogo médio, e refogue a cebola, o alho e o gengibre por 3 minutos. Junte a cenoura, a água e cozinhe até amaciar a cenoura. Retire do fogo, espere amornar e bata todo o conteúdo da panela no liquidificador, aos poucos, até ficar homogêneo. Transfira para a panela novamente. Aqueça em fogo médio, adicione o iogurte e misture. Tempere com sal e pimenta. Reserve. Para a couve, em outra panela, aqueça o azeite, em fogo médio, e frite o alho por 4 minutos. Junte a couve e mexa apenas até murchar. Tempere com sal. Sirva o creme de cenoura em cumbucas, decorado com a couve refogada.

CALDO DE ABÓBORA, FRANGO E GENGIBRE

RENDE **2 PORÇÕES** PRONTO EM **40MIN**

INGREDIENTES

- 2 colheres (sopa) de óleo
- 1 cebola picada
- 1 dente de alho amassado
- 200g de abóbora moranga descascada e picada
- 100g de peito de frango cozido e desfiado
- 400ml de água quente
- Sal e pimenta-do-reino a gosto
- 2 colheres (chá) de gengibre fresco ralado
- 2 colheres (sopa) de requeijão cremoso

PREPARO

Em uma panela, em fogo médio, aqueça o óleo e refogue a cebola e o alho até dourar. Acrescente os pedaços de abóbora e refogue por mais 5 minutos. Acrescente o frango desfiado e refogue mais um pouco. Coloque a água quente e tempere com sal e pimenta. Assim que ferver, abaixe o fogo e cozinhe por 20 minutos ou até a abóbora ficar macia, mexendo de vez em quando. Junte o gengibre e misture. Retire do fogo, espere amornar e bata no liquidificador até obter um creme homogêneo. Transfira para cumbucas individuais e coloque 1 colher (sopa) de requeijão em cada uma, mesclando ao caldo com um garfo. Sirva decorado como desejar.

CALDO VERDE NO PÃO

RENDE 4 PORÇÕES PRONTO EM 1H

INGREDIENTES

- 6 batatas em cubos
- 6 xícaras (chá) de água
- 1 cubo de caldo de legumes
- 2 colheres (sopa) de azeite
- 2 gomos de linguiça calabresa em rodelas
- 1 cebola picada
- 1 maço de couve fatiada
- Sal, pimenta-do-reino e cheiro-verde picado a gosto
- 1 pão italiano redondo grande sem o miolo
- 4 colheres (sopa) de queijo mussarela ralado
- Bacon frito em cubos para polvilhar

PREPARO

Em uma panela, em fogo médio, cozinhe as batatas com a água e o caldo de legumes até amaciarem. Bata metade das batatas com um pouco da água do cozimento no liquidificador até ficar homogêneo. Reserve. Em outra panela, aqueça o azeite, em fogo médio, e frite a calabresa até dourar. Adicione a cebola e refogue por 2 minutos. Acrescente as batatas em pedaços com a água, a batata batida no liquidificador, a couve, sal, pimenta, cheiro-verde e cozinhe por 5 minutos, depois de levantar fervura. Transfira para o pão italiano e polvilhe com o queijo. Coloque em uma fôrma e leve ao forno médio, preaquecido, por 10 minutos ou até gratinar. Polvilhe com bacon frito e sirva em seguida.

Creme de cogumelos

RENDE 4 PORÇÕES PRONTO EM 40MIN

INGREDIENTES

- 4 colheres (sopa) de manteiga
- 1 cebola em cubos
- 1 dente de alho picado
- 150g de cogumelo shiitake picado
- 150g de cogumelo Paris em lâminas
- 2 colheres (sopa) de farinha de trigo
- 1 e 1/2 xícara (chá) de água
- 1/2 xícara (chá) de creme de leite fresco
- Sal e pimenta-do-reino a gosto
- Salsa picada para decorar

PREPARO

Em uma panela, em fogo baixo, derreta a manteiga e frite a cebola e o alho por 2 minutos. Junte os cogumelos e refogue por 4 minutos. Retire 1/3 dos cogumelos e reserve para decorar. Polvilhe a farinha na panela e frite por 3 minutos, mexendo. Adicione a água, mexendo até engrossar levemente. Com um mixer, bata todo o conteúdo da panela até obter um creme homogêneo. Volte ao fogo médio, junte o creme de leite, aqueça e tempere com sal e pimenta. Distribua em cumbucas individuais, decore com os cogumelos reservados, polvilhe com salsa e sirva.

Minestrone

RENDE **6 PORÇÕES** PRONTO EM **1H (+12H DE MOLHO)**

INGREDIENTES

- 1 xícara (chá) de feijão-branco
- 2 litros de água
- 4 colheres (sopa) de azeite
- 1 cebola em cubos
- 4 dentes de alho amassados
- 1 xícara (chá) de tomate pelado em cubos
- 1 e 1/2 xícara (chá) de vagem picada
- 1 cenoura em cubos
- 1 abobrinha italiana sem sementes em cubos
- 1 e 1/2 xícara (chá) de macarrão penne grano duro
- Sal e pimenta-do-reino a gosto
- 1/2 xícara (chá) de manjericão fresco picado
- Folhas de manjericão fresco para decorar

PREPARO

Deixe o feijão de molho em água por 12 horas. Escorra, transfira para uma panela e cubra com a água. Leve ao fogo médio e cozinhe até amaciar o feijão. Em outra panela, em fogo médio, aqueça o azeite e frite a cebola e o alho por 3 minutos. Adicione o tomate, a vagem, a cenoura e refogue por 2 minutos. Acrescente o feijão com a água do cozimento e cozinhe até os legumes amaciarem. Coloque a abobrinha, o macarrão e cozinhe até amaciar. Tempere com sal e pimenta. Junte o manjericão, transfira para cumbucas individuais e decore com folhas de manjericão. Se desejar, sirva acompanhada de pão integral com grãos.

SOPA DE CERVEJA, QUEIJO E PRESUNTO

RENDE **4 PORÇÕES** PRONTO EM **1H**

INGREDIENTES

- 4 colheres (sopa) de azeite
- 2 cebolas picadas
- 2 dentes de alho picados
- 1 lata de cerveja clara (350ml)
- 2 cubos de caldo de galinha
- 2 xícaras (chá) de água fervente
- 2 colheres (sopa) de farinha de trigo
- 1 e 1/2 xícara (chá) de leite
- 3 xícaras (chá) de queijo cheddar picado
- 1 xícara (chá) de presunto em cubos
- Sal e pimenta-do-reino a gosto
- Queijo cheddar em tiras e cebolinha picada para polvilhar

PREPARO

Em uma panela, aqueça o azeite, em fogo médio, e refogue a cebola e o alho por 2 minutos. Adicione a cerveja e cozinhe até a cebola ficar macia. Transfira para o liquidificador e bata com o caldo de galinha e a água até homogeneizar. Volte a mistura para a panela e leve ao fogo médio. Assim que levantar fervura, acrescente a farinha dissolvida no leite e mexa até engrossar. Desligue o fogo e junte o queijo, o presunto, sal e pimenta. Mexa até dissolver o queijo. Transfira para cumbucas e polvilhe com queijo e cebolinha. Sirva em seguida.

Primeira edição (Abril/2019)
Papel de Capa Cartão Triplex 250g
Papel de Miolo Offset 70g
Gráfica GRAFILAR